NŐI ÉNEKEGYÜTTES
Deák István
Otello
Bohémélet
Советские!
Идите домой!
Szovjetek! Menjetek haza!
29. X.
TE is sztrájkolj míg csak oroszt látsz
MAGYAR EMBER NEM ZABRÁL!

Zsolt Bayer

1956

"...Zeichen setzen"

Zsolt Bayer

1956
"...Zeichen setzen"

INSTITUT FÜRS XX. JAHRHUNDERT und HISTORISCHES AMT

Hergestellt in Budapest - 2000.
Den Text verfasste Zsolt Bayer
in Zusammenwirkung mit Viktória Polgár.
Entwurf und Typografie: KISSÍK Stúdió.

Der Band wurde im Auftrag des Instituts fürs XX. Jahrhundert
und des Historischen Amtes vom Kairosz Verlages hergestellt.

Ins Deutsche übertragen von Gábor Tallai.

XX. SZÁZAD INTÉZET

Történeti
Hivatal

Dieses Buch widme ich meinen Söhnen Ágoston und Márton,
damit auch sie alles erfahren und ihr Leben
einen Inhalt findet.

Die Angst legt sich manchmal Hausrock und Pantoffeln an, achtet auf den mit ängstlicher Sorge gebundenen Seidenschal...
Sie spricht so leise.
Freundlich, doch niemals sich einschmeichelnd. Sie späht uns nach, unser Schicksal ist ihr wichtig, auch in größter Sorge können wir uns mit Mut an sie wenden.
Sie hilft...
Flüstern wir ihr mit dumpfer Stimme, zum Boden gerichtetem Blick, mit dem Nichts spielenden Fingern das zu, was wir niemandem anvertrauen: hört sie uns zu.
Sie tut es mit ernstem, verständnisvollem Schweigen, wandelt in den leeren, echoartigen Sälen unserer Seele, wohin wir sie einluden, auf und ab.
Auch Mut gibt sie uns freigiebig, ungezählt auf Borg, und wenn du ihr endgültig verschuldet bist, zermalmt sie dich höchstens, quält, erniedrigt oder tötet dich – doch schaut immer vertrauensvoll in deine Augen, klopft dir einige Male freundlich auf die Schultern.
Geben tut sie immer...
Mut gab sie denen, die im Schützengraben zitternd die Muttererde in den Mund nahmen. Auch den gegen das Monster Rebellierenden gab sie Mut. Auf den Straßen in sich greifend marschierten sie, und in den leeren Sälen ihrer Seele entfachten sie die wundersam schönen Flammen der wiedergefundenen Heimat. Mut gab sie den Männern, die letztendlich zu Waffen griffen. Ebenso den Kindern, die das Gleiche taten und auf deren aus kleinen, weichen Träumen erwachende, vor Panzer stürzende Körper die Revolution wartete.
Sie beneidete auch Frauen nicht um Mut. Frauen, die in einer Nacht lernten, nicht zu weinen.
Sie gab ihn Greisen, in deren ausgemergelten Schritten, zitternden Händen, bleichen Augen die glühende Freiheit nicht erlosch.
Und Bauern, die nach der Mistgabel griffen...
Endlich.
Dem Gottesdiener, der nicht mehr schwieg.
Dem Soldat, der das Wappen des Hasses und des Unerträglichen von seiner Feldbluse riss und sich seinen Eigenen anschloss.
Auch dem Dichter, der die Wahrheit irgendwie auf´s Papier fummelte, stotternd, sich schämend, wer weiß, nach wie langer Zeit.
Mut gab sie allen Fortziehenden, ins Nichts Flüchtenden, den mageren, hoffnungslosen Geistern der Grenzzone. Wieder zu Eltern gewordenen Männern und Frauen, die mit eiskalten Fingern nach den Händchen ihres Kleinen schnappten und in vom Wasser gefüllten tiefen Gräbern durch Schilfgras, Binsen, Wasserpfade wateten, ohne zu wissen, ob sie festgefroren in der sternenlosen Nacht endlich drüben sind oder noch immer im entsetzlichen Land der Friedhöfe, des Todes

weilten, in dem sich Überlebende ins Schweigen hüllten...
Und sie gab ihn allen Bleibenden...
Allen, die das Unvorstellbare wählten, allen, die wussten, das Kommende wird jedes Grauen übertreffen – kein Pferdekadaver wird Schutz bieten, ohne ein Recht auf Rache, auf einen einzigen Schrei muss die Hoffnung vergraben werden, leben wird man müssen, um jeden Preis.
Leben, auch unter den Stiefelsohlen derer, die man bis zum letzten Mann hätte vernichten müssen. Denn erst im Nachhinein wird es immer wieder klar: Reinheit, unanfechtbare Wahrheit, Erbarmen und Vergebung rufen aus Nicht-Menschen, aus sich hinter fremde Bajonette verkriechenden Verrätern nur noch größere Wut und Gemeinheit hervor...
Und die Angst gab auch den Verschleppten Mut, die unschuldig am Galgen baumelten.
Mut, um auch die allerletzte Minute, den letzten Gang auf trostlosen Korridoren, das Austrocknen der Kehle, den spöttischen Blick der Mörder mit Ehre zu ertragen – und nicht flehen, nur nicht flehen, um keinen Preis...
Um ein Zeichen zu setzen, allmächtiger Gott, sollte er es nicht sehen, sieht es auch keiner.
Doch wenn er es sich vorstelle, solle er es nur so können...
Der Galgenstrick wurde straff. Es ist vollbracht.

Ein tapferer Mann zog durch Budapests Straßen...
Er fotografierte.
Zwischen dem 23. Oktober und dem 11. November 1956.
Zeichen setzen.
Beweise des Krieges, der Reinheit, der Helden, des Blutes.
Doch die Zeichen mussten danach wieder in den leeren Sälen der Seele verschlossen werden.
Über hundert Aufnahmen blieben für lange, kranke Jahrzehnte auf einem Dachboden versteckt, bis der Mann starb.
Als die Freiheit, die großgesinnt auch all die Mörder verschonte, zurückkehrte, gab die Witwe die versteckten Bilder dem Historischen Institut. Eine Bedingung stellte sie nur: weder ihr noch der Name ihres Mannes dürfen an die Öffentlichkeit gelangen. – Vielleicht kommen die ja zurück...– flüsterte sie mit langem, zum Boden gerichtetem Blick.
Ja...
Aus der einst freigiebigen, stolzen Angst ist ein zahnloser, riechender, matschiger, alter Schurke geworden, ein Schurke mit gemästeten, verschleimten Schweineaugen.
Diese Angst gab der großartigen, wundervollen Frau nichts mehr – weder Mut noch Hoffnung.
Nun, dies können wir nie verzeihen. Obwohl wir damals gar nicht lebten, zur Zeit der ungarischen Helden. Obwohl schon vierundvierzig Jahre vergangen sind...

I.

...was ging alles in József Dajkas Leben hinein?
Wieviel Dunkelheit, Barbarei, Schrecken, wieviel erstickendes, tränenloses, schweißtriefendes, stummes Weinen, wieviel Kohldampf, Pferdekadaver, Bunkergeruch, qualmender Rauch, wieviel Staub und Dröhnen der stürzenden Gemäuer, wieviel Tod sah József Dajka schon, wo andere Kinder den Sommer noch unendlich finden, mit Lehm spielen und ihre schmutzigen Fingernägel dann in Walnüsse bohren?
Wer wagte es, die Sommerjahre oder nur einen einzigen selbstvergessenen Nachmittag seiner Kindheit zu stehlen?...
Wohin richtete die Welt ihre Augen, als József Dajkas Angst über die Häuser, die Pappeln, den zerkratzten Himmel wuchs, wohin verkroch sich schämend die Welt, als sich József Dajka in dumpfen Kellern Engel erträumte, wie erklärt sie es sich, dass er mit seinen vollen zehn Jahren schon zum Greis wurde?
Die Welt findet immer eine Erklärung.
Denn sie bringt Millionen und aber Millionen Beispiele, um József Dajkas Qualen schrumpfen zu lassen.
József Dajka aber opferte zweiundzwanzigjährig sein Leben für etwas, wovon er nicht mal wusste, was es ist.

II.

...Schnell, in Hast müssen Leichen unter Trümmern verscharrt, ein Holzkreuz zusammengeschlagen werden. Auf der unheimlichen Straße – schnell, nur schnell, denn die verfallende Materie erteilt auch dann Befehle, wenn befreite Seelen sich umarmen.
Danach, sobald alles fertig ist, darf für einen Augenblick stillgestanden werden... Ein großer, friedlicher Augenblick am Rande provisorischer Straßengräber.
Hände ballen sich zu Fäusten, das Schluchzen der Frauen und Mütter sendet die Botschaft des Lebens.
Manchmal nämlich bedeutet Kampf und Widerstand Leben. Überstehen, Weitersein als einst ist schlechter als tausend Tode.
Der sich auf unheimlichen Straßen versteckende Tod wirkt zuerst zwar bestürzend, doch ist zugleich auch so provisorisch. Vielleicht verschwindet alles beim Morgengrauen: die zusammengescharrten Trümmer, das Holzkreuz. Hier eilen ansonsten Kinder zur Schule, auf diesem Weg kommt Papa nach Hause, tagsüber bergen Briefträgerhände deinen Liebesbrief, Opas ziehen schlürfenden Ganges für ein Stündchen in die Kneipe, Großmütter bringen den Enkeln Apfelstrudel, in ihren Händen wippen mit weißer Damastleinwand bedeckte Schüsseln – denn ansonsten wandelt hier das Leben auf und ab, und es stolpert nicht über Trümmerhäufchen, Holzkreuze, über den Kummer der todgeweihten Freiheitskämpfer...
Vielleicht verschwindet wirklich alles beim Morgengrauen, auch diejenigen, die mordeten und wegen denen man morden musste.
Vielleicht...
An irgendeinem Morgen.

III.

...Meister Benedek legte die Lupe beiseite.
In der winzigen, dunklen, von Geheimnissen und Kummer durchwobenen Werkstatt blieben plötzlich die Uhren stehen.
Glaubte der Alte doch, diese kleinen, feinen Werke ticken bis zum Ende aller Zeiten, denn die kleinen, feinen Werke haben vielleicht nichts gemeinsam mit dem Weltuntergang.
Der alte Uhrmacher, Meister Benedek stellte zum Kaffeekochen Wasser auf den Herd.
Er nahm Ersatzkaffee und lächelte, dass er sich so sehr daran gewöhnte. Genauso daran, dass er ein Uhrmacher ist,
kein Prolet.
Auch daran musste man sich gewöhnen. Und für eine Weile schien es, man könne sich an alles gewöhnen.
Auch an die...
Und als er dies zu glauben anfing, wurde er plötzlich alt und grau, nur in seinen Augen konnte das pfauenhafte,
funkelnde Lächeln nicht erlöschen.
Und sie wollten dieses nette Funkeln der Tradition, Treue, Aufrichtigkeit, Menschlichkeit, Heimatliebe vernichten. Die Liebe zum Handwerk, den Glauben an die Vorfahren wollten die Schurken zuerst vernichten, denn sie wussten gut genug, aus ihnen könnte früher oder später die Revolution wachsen.
Meister Benedek trank Kaffee.
Den schartigen, alten Blechbecher umklammernd verfiel er ganze zwei Wochen dem Glauben, es sei das schöne, alte Porzellan der Großmutter, das er in den feinen Händen hielt.
Dann geschah, was geschah. Und irgendwie, qualvoll langsam, kreischend setzten sich alle Uhren in Bewegung.
Und wieder schenkte Meister Benedek der Sache keinen Glauben. Denn er dachte, es gebe Grauen, das auch die kleinsten, feinsten Werke nicht überstehen könne.
Aber doch.
Das Leben tickt weiter.
"...wie graue Ratten unter Trümmern. Und lebt der Mensch, kann ihm immer noch etwas widerfahren."

BENEDEK
ÓRA ÉKSZER
BUDAI

IV.

Oh weh, Straßen wirken auf einmal so furchterregend...
Der verträumte Sonntag huscht weg, auch sein merkwürdiger Herzensbruder, die bitterliche Leierkastenmusik. Weg ist der alte Bettler. Irgendwie verschwinden die Luftballone, die Musik des Karussels in der Au zersplittert, auch das gepinselte Lächeln des Holzpferdchens. Zuckerwatte wird zum blassen Spinnennetz...
Oh weh, Stille setzt sich in den Nacken lichterloh brennender Scheiterhaufen, in den Nacken steinfressender Panzerketten, Schüsse, das Krachen abstürzender Dächer und Säuglingsschreie.
Stille...
Stille der in den Krieg rasenden Straße.
Spazieren muss man bei dieser Stille.
Dort sein.
Ineinander greifen, Hand in Hand still stehen, einander anschauen, glauben an alles, auch an das Unmögliche. Glauben an alle, die dort sind, an jeden Blick, jede Hand, jedes Lächeln und Schweigen. Dieser Glaube verjagt die brüllende Angst der Instinkte, dieser Glaube verleiht einem Volk, wenn auch nur für Minuten, Freiheit...
Nie mehr zu vergessende.
Ein Volk, das die alles umhüllende Stille seiner Revolution vergisst, verdient keine Freiheit.

GYÓGYSZERTÁR

V.

"Es kommt vor, dass es einfach nicht gelingen will, alles zufriedenstellend zu bereinigen. Der Verbliebene findet so keine Ruhe. (...) Keine Ruhe findet der Selbstmörder; der falsche Ingenieur, der bei der Grundkommassierung die Armen betrug; der enthauptete Klosterbruder, der das Messstipendium vertat; die weißgekleidete Frau, die ihre Leibesfrucht abtrieb; ruhelos ist auch die bösherzige Stiefmutter. Herumspuken tut der Geizhals, der Armen nichts gab; der sich nicht an sein Gottesgelöbnis hielt. (...) Gegen Mahr schützen sie sich wie gegen alles Böse, einige spezielle Praktiken sind aber bekannt. In Aranyosszék zum Beispiel stechen sie eine Mistgabel zwischen die Fußzehe, damit er nicht entkommt. Sie nehmen ihm den Schwur, dass er dem Mädchen nichts antue, obendrein muss er um seine Freiheit willen versprechen, das geschluckte Blut auszukotzen. Auch beim Fliegen kann er aufgehalten werden. Mancherorts kreuzt der Mahrhetzer die Ringfinger, und schlägt sie so zu seinem Gesäß.
Dann kann der Mahr nicht mehr weiter, und muss dahin zurück, woher er kam. Zu solcher Zeit scheißt er Feuer haufenweise.
Er kann auch aufgehalten werden, wenn er beim Höhenflug mit einem sonderbaren Knoten des Hosenbandes, dem sogenannten lebendigen Knoten, gebändigt wird. Meist können dies erfahrene Hirten verrichten. Der Mahr gleitet nieder und erhält seine Strafe: festgebunden durch's Hosenband, mit einer auf einen Hieb geschnittenen Birkenrute wird er, so gut es nur geht, verprügelt. (...) Der verdroschene Mahr verhässlicht sich dann und bleibt dem bislang Gequälten vom Halse.
Wer ihn ergreifen kann, quält ihn mehrere Tage: hämmert den Mahr im Hof an einen zweiastigen Baum. Einige können ihn dermaßen festschlagen, dass er ihnen völlig unterliegt. Einspannen können sie ihn, mit ihm pflügen, misten. Obendrein füttern sie den Mahr mit Schäbe. (...) Meistens sind sie in den Herbsttagen bei nassem Wetter zu sehen, tausend von ihnen tanzen zusammen Kerzen tragend oder fickfacken auf dem Acker, suchen den Grenzrain, den sie im Leben gepflügt haben, um Frieden zu finden. Man sagt, sie weilen immer dort, wo sie Unrecht begangen haben. (...)
Es kommt vor, dass auf dem Heimweg eine flammende Kreatur auf deiner Kutsche um Platz bittet. Wenn sie aufsteigt, schaffen es die Pferde plötzlich nicht mehr. Erschrick nicht, auf keinen Fall sollst du - wie gewohnt - ein Gebet vor dich hinmurmeln. Fluche lieber aus vollem Herzen, auch wenn es nicht leicht ist, so verschwindet der Mahr im Kehrum, als wäre er nie dort gewesen."
Nun, deshalb...

Auszüge aus dem Buch Zerbrechet den Bann, Verlag Magvető, 1990, 219-225 S.

SÖRT!

VI.

Ruinen...
Zwischen Ruinen ist immer Entsetzliches zu finden.
Zwischen ihnen liegt verloren Opas Pfeife,
im Pfeifenrohr schweigt immer noch das letzte Seufzen.
Dort ist Omas roter Geldbeutel aus der Mädchenzeit vom
Bußtag, in ihm steckt noch Sankt Antons Bettlergroschen.
Noch irgendein Spielzeug oder Puppenkopf – wie
beschuldigend starren zerbrochene Puppenaugen.
Und zwischen Ruinen stirbt immer ein gewisses Stück Zeit...
Einstürzende Gemäuer zeigen immer, dass etwas zu Ende ist,
unwiderruflich.
Doch dann altern Ruinen auf einmal, werden zur haltenden
Tradition, zum Denkmal, zur Erinnerung. Sie werden zum
Vorbild der Ahnen, zur Chronik, zu heldenhaften Kämpfen –
der Rest zur Burg auf der Felsenhöhe...
Aber es kommt auch vor, dass die Gemäuer plötzlich auf die
Tyrannei niederstürzen, doch man räumt sie so schnell ab,
dass die Bestie überlebt.
Sie ist aber schon gebrochen.
Der Kopf verbunden.
Voller Wut tobt sie.
Leicht ist es, sie zu erkennen.
Vorbei ist es – egal, wieviel sie noch mordet.

VII.

Nein, Heimat ist kein fettiger Schweinespeck, keine Wurst oder Schinken. Keine Paprikakartoffeln – vergebens dampfen ihre Dörfchen wie lustige Töpfchen, voll mit Kartoffelgulasch...
Heimat ist kein Ort, wo man sich den Magen vollschlagen kann.
Hin und wieder muss für sie getan oder mit knurrendem Magen die Hymne gesungen werden.
Die Heimat muss zuzeiten verteidigt werden. Gegen Riesenreiche oder gegen Seele, Glauben und Wurzeln verlorenen Niemand, Halunken – visionäre Welterlöser. Gegen diejenigen, die nach dem Rassenmord sofort den Klassenmord einführten.
Die Abscheulichsten dachten dabei heimlich berechtigte Rache zu nehmen.
Heimatlosigkeit nannten sie Internationalismus.
Es war ihnen unmöglich, sich vorzustellen, dass diejenigen, die eine Heimat besitzen, während des väterländischen Krieges einander Lebensmittel sammeln.
Leidende, Habenichts-Bauern werden auch das Letzte hingeben, den letzten Brocken, damit dort "oben", in der Stadt genügend Kraft zum Kämpfen bleibt.
Die Bauern gaben ihr Blut, die Armen, die Teuersten... Oh, mein Gott, in Fässer ließen sie ihr Blut tropfen und schickten es auf Kutschen weiter, um den Verletzten zu helfen.
Habt keine Hoffnung, ihr Landesverräter!
Der Mensch fängt dort an, wo ihr aufhört...

ÉLELEM A LAKOSSÁGNAK!

JÓKAI

VIII.

Der letzte Abend, der Abend der Entscheidung ist so merkwürdig.
Vielleicht spricht es letztendlich der Mann aus. Er muss es aussprechen – warum auch immer, so stellen wir es uns vor. Die Kinder schlafen schon. Nur die beiden sitzen noch in der abgedunkelten Küche, am wachstuchbedeckten Tisch – zuerst verpacken sie das Leben in ihrer Seele.
Vor allem die Kindheit...
Den Duft der Hängeweiden, des feinen Sauerkrautes. Ein Haufen Lächeln derer, die schon gegangen sind. Geräusche, ohne die man nicht leben kann: das Ticken alter Uhren, Klopfen der Hufe des Droschkengauls, Wagengerassel, die Wurstelmusik vergangener Maifeier, das dumpfe Läuten der Kirchenglocke im heißen Sommer, das Klappern der ersten Storche, das Sirenengeschrei der Fabrik, die ermüdende Psalmodie ehemaliger Klassenzimmer, das zu Träumen verschwimmende Rauschen kleiner Nickerchens am Nachmittag und auch das erste dünne Säuglingsgeschrei...
Die Frau verpackt die Worte der Brautwerbung, leise, damit er es nicht sieht.
Dann folgen nie gemalte, nie fotografierte Bilder. Sie bergen Gesichter, tiefe Falten, süße Lippen, sanfte Blicke, harte Schicksale und Männerkummer, einst die ganze Welt bedeutende Zimmer und Gärten sowie Straßen, staubige, schlammige und herzzerreißende Straßen...
Das Verpackte ballt sich zur schrecklichen Last, als dritter setzt sich der Gedanke zum Tisch: es ist doch unmöglich einfach zu gehen.
Aber doch, man muss gehen...
Was letztendlich in die Taschen gelangt, sind nur Kleinigkeiten. Vielleicht Milchpulver für die Kleinen, ein wenig unverderbliche Lebensmittel, noch eine Garnitur Wäsche, Geld – das restliche, das gesamte – und ein großer Hoffnungsbrocken: vielleicht geht es den Kleinen einmal besser...
Und sie gehen los.
Ihre Augen streicheln die mauerbeschlagenen Wände, als wär's ihr Palast. Abgenützte Stufen fangen an zu singen...
Ein Nässefleck, ein altes Gekritzel steigt von den Wänden hinab, schlüpft in die Augen des Mannes, um später irgendwo in der Ferne im letzten Augenblick hervorzukriechen, auf dem harten, schweißtriefenden Sterbebett...
Doch dann gehen sie.
Hinterlassen eine ganze Welt.
Auch das Kind drückt stärker den Teddybär.
"Lieber in die Fremde ziehen, als vor Fremden zittern..."
Und die Grenzzone steht noch bevor...

IX.

Wenn sie es doch gewusst hätten...
Doch sie taten es nicht...
Irgendwo auf der unendlichen russischen Steppe lebten sie im slawischen Kummer, in byzantinischen Schrecken gehüllt. Sie verstanden, ja kannten es, und mit der Zeit lernten sie das Streicheln der Peitsche auch zu lieben.
Sie lebten im Reich, das seit seiner Entstehung Söhne und Untertanen fraß. Sie lebten – und aus ihnen wurden keine Dostojewskijs.
Wenn das Gespräch plötzlich seinen Lauf verliert, sich in der Gesellschaft Schweigen einstellt, pflegen wir zu sagen: *"Ein Engel ist über uns hinweggeflogen."*
Sie dagegen sagen: *"Irgendwo ist ein Polizist geboren."*
Weißt du über sie nichts? So viel solltest du wissen, um von ihrer Seele etwas zu verstehen.
Eines Tages wird sie jemand um Vergebung bitten. Wegen der auf die eigene Tür genagelten Nowgoroder Bürger. Wegen Iwan dem Schrecklichen, der später, aus offensichtlich politischen Gründen und durch Herrscherwillen zum *"Gefürchteten"* besänftigt wurde. Wegen Millionen, die in Kälte- und Hungertod gehetzt wurden. Wegen denjenigen, die man auf Minenfelder trieb, um schneller vorstoßen zu können. Jemand wird sie wegen allem um Vergebung bitten. Wegen des Unerzählbaren. Und weil sie in Richtung Suez loszogen, sich aber mit herausgesprungenen Augen, verkohlt auf den Budapester Straßen fanden – den elenden Tod fanden sie hier durch die zum Singen aufgelegten Bomben einiger Knaben, die ihre Heimat verteidigten.
Jemand wird sie um Vergebung bitten.
Einstweilen gebührt ihnen ein Kopfnicken der Teilnahme.
Es ist ja beinah Vergebung.

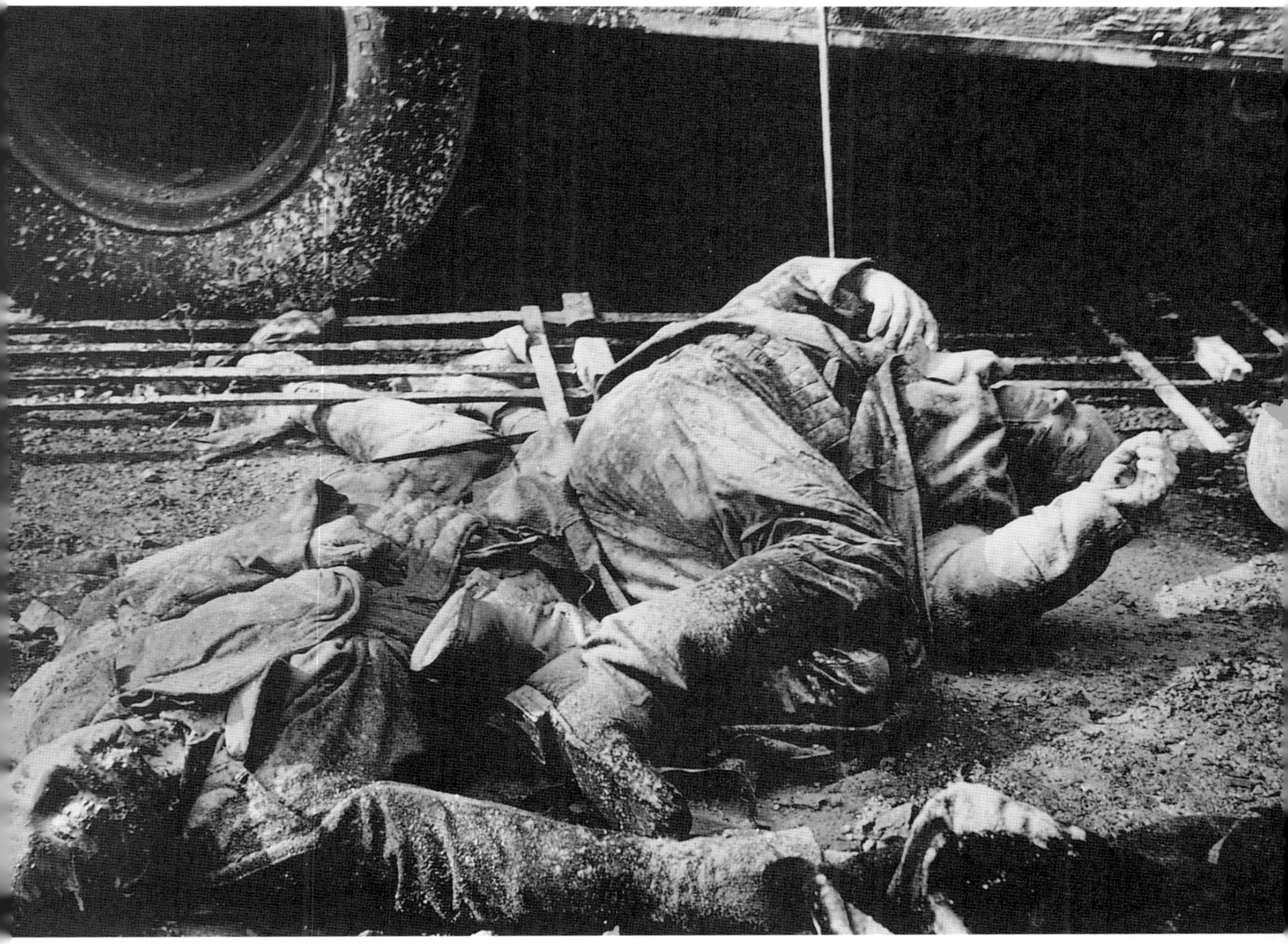

X.

...Suche nicht nach Worten! Kaufe lieber in der Konditorei an der Ecke königlich-feine, handgemachte Szamos-Pralinen aus Marzipan oder ein Pfund Schokolade, wenn es noch zu kaufen ist, und erinnere dich.

...Denn Pál Tomori ließ die klirrenden Sporen vom Knappen abschnallen, um nicht fliehen zu können – sollte es ihm überhaupt einfallen – und ritt in den schwülen Sommernachmittag. Ungarns Flagge mit der Jungfrau Maria geschmückt hielt er in der Hand und ritt in den sicheren Tod...

Und György Szondi schaute nur einmal hinauf auf Gottes Himmel, der sich so merkwürdig, so bleigefärbt über Drégely wölbte.

Dann zerstörte er sein ganzes Hab und Gut, Kanonenkugeln zerrissen sein Bein, und trotzdem, trotzdem hielt er das Schwert hart in der Hand bis zum letzten Atemzug...

Zrínyi nahm sogar sein prächtigstes Gewand, füllte die Taschen mit Gold und stürzte sich mit seinen Recken aus dem letzten, noch ganz gebliebenen Tor auf Sulimans schreckliches Heer...

Und Dobó? Nun, Dobó? "Diese Burg ist jetzt das Vaterland!" – rief er seinen Kriegern zu und verjagte unter Erlaus Mauern den unermesslichen Feind.

Und Dobó? Nun, Dobó? Erlaus Löwen belangte man später wegen Hochverrat und kerkerte ihn ein.

Ähneln dann diese Kinder ihm?

Und wer sind diejenigen, gegen die sie nach Waffen griffen? Diejenigen, die Bajonette einer fremden Macht gegen die eigene Heimat richteten, und all die kleinen Stubenprinzen hetzten, erniedrigten, ermordeten?

Und wer zum Himmel erhängte Péter Mansfeld?

PAPIR-IRÓSZER
Édesség Bolt
CIPO
169
Ü.SZ.V.

XI.

Setzt Zeichen!
Was jetzt in Ungarn geschieht, ist unglaublich.
Setzt Zeichen, damit auch nach einer Ewigkeit alle wissen: wir haben das vollbracht.
Setzt Zeichen, denn König David konnte der mündlichen Überlieferung noch Vertrauen schenken. Doch uns verfluchte die Entwicklung auch durch Massenkommunikation, Propaganda, wenn auch nicht durch Waffen, denn durch sie sind wir besiegbar. Oder man schlägt uns mit Waffen, doch durch falsche Worte schändet und richtet man unsere allerheiligste, allerreinste Revolution zugrunde.
Setzt Zeichen...
Vielleicht entdeckt Apparat, Linse, Augenblick-Bröcklein des Knipsens genau das, was unerzählbar bleibt. Es umgibt uns, wir alle fühlen es.
Doch schon nächste Woche wird es niemand begreifen, geschweige verstehen können.
Verstehen, dass wir eins sind, eine Nation, und die Welt beobachtet winselnd unsere beklemmende Größe.
Setzt Zeichen, damit alle sehen, wie wir das uns Verbliebene verteidigten.
Setzt Zeichen, denn es ist unsere Ehre. Dieser Knabe unterm schweren Helm tat mehr für uns als tausend zu Weltberühmtheiten gewordene Ungarn. Setzt Zeichen, weil der Mann mit der Tellermütze bald als konterrevolutionärer Faschist geschändet wird.
Setzt Zeichen, um der Welt zu zeigen, wen sie wieder im Stich ließ, kommt, setzt ein einziges Zeichen, denn schon nahen sie, beobachten uns, lauern auf unser Verderben...
Dann folgt Stille.
Wieder ist ein großer Augenblick der Freiheit geknipst worden...

XII.

Einst, wenn Verteidiger einer Festung sich zum Tode entschlossen, zogen sie einen schwarzen Sarg auf den höchsten Turm hinauf. Damit antworteten sie auf die Aufforderung zur Kapitulation.
Zeiten ändern sich, meistens zu ihrem Nachteil.
Doch eins blieb: die sich auf ein winziges, heldenhaftes Volk stürzende wilde Horde.
Sie ist uns erhalten geblieben...
Aber den schwarzen Sarg löste Iwan, die Vogelscheuche, ab.
Das Uschanka, Feldbluse tragende Monster mit der Dawajgitarre, die gemopste Doxa am Handgelenk.
Irgenwo am Ring dort steht das Gespenst.
Damals war es der traurigste, doch zugleich herrlichste Ring der Welt, seine Schaufenster schmückte man mit Ehrenhaftigkeit, jeder seiner Pflastersteine putzte man mit Blut, und nachts leuchtete ihm die Hoffnung statt Lampen.
Irgendwo am Ring stand das Gespenst. Es war etwas anders als Dorothys oder Totos Hündchen Schreckgestalt.
Wer ihm begegnete, grinste es an.
Grinsen musste man, denn alle ahnten, dieses Gespenst wird sie zerstören...

XIII.

Ach, was für ein Leben herrschte im Café Zsuzsi!
Was weiß die "freie Welt" überhaupt von den ewigen Café Zsuzsis der hinter Mauern Gesperrten...
Die freie Welt wusste nie etwas von uns.
Sie saßen viel lieber in Paris auf dem Montmarte herum und dachten spielend an die schöne Welt der Kommunisten.
Die schöne Welt der Kommunisten spross an drei Orten empor. In den Folterkammern, den stummen Dörfern der hungernden Bauern sowie in den Zsuzsi Cafés.
Im schweren Rauch der "Terv"-Zigarren saßen sie, die Erniedrigten und Zugrundegerichteten. Ein Fläschchen vom Schweiß der Lodenmäntel hätte man aufheben müssen, damit kommende Generationen wenigstens einmal den Hauch des Kommunismus zu spüren bekommen. Auch den Ersatzkaffee hätte man hinüberretten müssen, den gemixten, süßen Schnaps, den nach "Terv"-Zigarrenrauch schmeckenden Ersatzkuchen... Auch einen Koffer voll mit dem hoffnungslosen Rauschen, den ernsten Mienen der Cafés und abgerissene Sätze, deren Wörter längst nichts mehr bedeuteten – und wenn dennoch, nahmen sie den ewigen Stammgästen den Verstand.
König Pest lud einst das Volk der hohlzahnigen, dunklen, krummen Städte zum Tanzen ein.
Pure Glückseeligkeit war dieser Tanz im Verhältnis dazu, wenn das Volk der Proletarierdiktatur nach Feierabend zum Kaffeklatsch im "Zsuzsi" vorbeikam...
Das schöne, boheme, verantwortungslose, lächelnde und zugleich schläfrige Budapest der Monarchie füllte sich langsam mit Hass, dem Rauch der "Terv"-Zigarren und dem Gerede der moskowiten Verräter, mit dem Achselgeruch der Apparatschiks, dem sadistischen Grinsen der ungarischen Stasi-Leute und dem Weiß, der sich zu Fäusten ballenden, blutlosen Hände.
Die im "Zsuzsi" Trinkenden warteten allesamt auf das schwarze Auto, das sie verschleppt.
Die in Folterkammern Leidenden wiederum träumten ohnmächtig davon, dort draußen im Café Zsuzsi noch eine Stampfe Schnaps zwischen ihren zitternden, entnagelten Fingern halten zu können.
Ein tödlicher Kreislauf war es. Tödliche Gewissheit wie die Tatsache, dass das Geschäft leer, ohne Brot öffne...
Daraus wurde also der KRIEG.
Denn Erniedrigte, Zugrundegerichtete werden immer zu den schönsten und größten Wundern fähig...

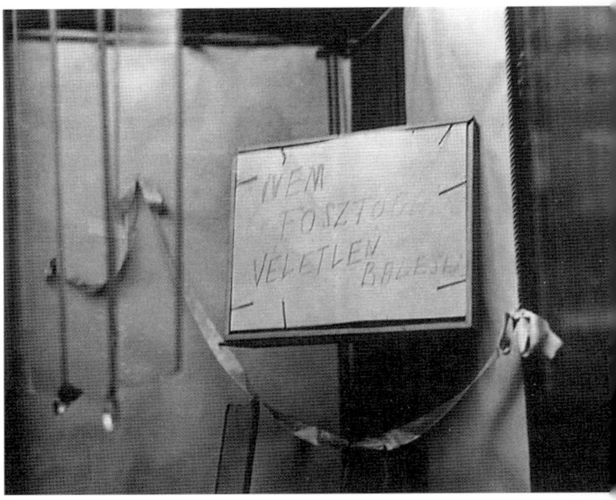
NEM
VELETLEN

08-10-90

XIV.

...Einmal, so plötlzlich und unberechenbar hat man es wegen einer banalen Kleinigkeit satt, dann bricht die REVOLUTION aus.
Und es kommt vor, dass die Schurken die Folgen ihrer Existenz nicht einkalkulieren.
Mit viel Sorge, aufs Detail achtend, planen sie den Terror. In Hirnen, Schlafzimmern, Leben wühlen sie herum, halten einen entsetzlichen Apparat in Bewegung. Niemand soll einen einzigen selbstvergessenen Augenblick besitzen. Jeden Moment sind sie bereit, die explodierende Volkswut, die gegen sie stürmenden Seelen und auch die Straßen schnell und effektiv unter Kontrolle zu halten.
Dann enden sie innerhalb einer flüchtigen Stunde...
Die Kommunisten lernten alles über Terror. Alle bewährten Methoden hatten sie von den Nazis abgeluchst. Ihre Neuerung bestand allein darin, dass sie rund um die Uhr verkündeten: *"Wir sind die Zukunft, wollen Gutes, unsere Ideen sind herrlich. Wer uns hassen sollte oder auch nur zum Jubeln faul ist, verdient als Faschistenschwein das Leben einfach nicht..."*
Und sie machten sich ans Werk. Bauten ihren Staat, und Gott dachte sicher, die Völker hier östlich der Elbe litten noch nicht genug...
Und er dachte auch, helfen sie sich selbst, werde auch ich ihnen zur Hilfe eilen.
Und ein Volk östlich der Elbe entschloss, sich selbst zu helfen.
Es entschloss sich, sein Leben, seine Vorfahren, Traditionen, das Vaterland, die eigene menschliche Sprache zurückzuverlangen. Wiedererlangen wollte dieses Volk den Sinn der Wörter, auch die alten, schläfrigen Nachmittage. Seine Vergangenheit, die Geistlichen, Lehrmeister, Helden, Geliebten, die Zukunft seiner Kinder, auch das Gebimmel der Straßenbahnen und die langen Spaziergänge im schönen Tal Hűvösvölgy. Wiederbekommen die Geste des alten Bauern, wie er über dem Brot das Kreuz schlug. Ein ganzes Volk wollte seine verbannten Schriftsteller, den bürgerlichen Wohlstand wieder anstatt des grauen und rauen Idiotismus der aus Lumpenproletariern gewordenen Apparatschiks – ein Volk wollte statt Kommunismus das Leben...
So und deshalb kam es zur Revolution.
Und Busse sind umgeworfen worden, LKWs gerieten in Brand, im stickigen Rauch erblühten gestaltlose, wunderschöne Hoffnungen.
Freiheitsblume...
Sie gedeiht auf Ruinen.
Völker schließen schweigend und ergriffen einen Kreis um sie, denn so was Schönes haben sie vielleicht noch nie gesehen.

FVV
2844

XV.

Als würden im Vordergrund neben dem Bürgersteig Bücher brennen, Bücherhaufen.
Ein wichtiges Moment...
Die Verfluchten, die uns weitere vierunddreißig Jahre stahlen und das Wunder als gemeine Konterrevolution bezeichneten, hatten nämlich einen Spruch.
Heine zitierend sagten sie: "Dort, wo man Bücher verbrennt, verbrennt man am Ende auch Menschen".
Dabei loderten die Biblioteken alter Kurien heftig, als byzantinische Sowjets in Richtung Europa vorstießen...
Dem Feuer verfielen all die Klassiker, das jahrtausende alte Wissen der Menschheit, antiker griechisch-römischer Wissensschatz, schöne Scholastik des Mittelalters und freimündige Dichtung der Vaganten, klassische deutsche Philosophie und Gott-tötender Nietzsche fütterten die Glut sowie all der "bürgerliche und bourgeoise Kram" – sie fütterten die Glut, damit die stinkende Wurst gar wurde...
Nach all dem aber verurteilten sie dann die 56er Bücherscheiterhaufen.
Wozu taugt denn der in Leder gebundene Kommunismus?
"Sowjetmacht plus Elektrifizierung ist Kommunismus" – ihre Bücher waren mit solchen Sprüchen voll gestopft, weil der neue Gott, der den Platz des düsteren byzantinischen Gottes einnahm, so etwas sagte. Und als er es tat, hatte Syphilis seinen Verstand noch gar nicht angegriffen.
Sie liebten solche Sprüche verlauten zu lassen:
die Vergangenheit endgültig löschen; der höchste Grad des Imperialismus; volksschändender Müllermann; Kulaken Ungeziefer; verdorbener Bourgeois; heimatloser Schurke; Stoßbrigade des Proletariats; Tyrannei der Freiheit; sozialistischer Menschentyp; wir Kommunisten sind aus besonderemStoff geschaffen; wo geholbelt wird, dort fallen die Späne; es lebe unser geliebter Führer; unsere Heimat ist kein Spalt, sondern eine starke Festung an der Front des Friedens; arbeite!; wir sind das Land des Eisens und Stahls; wir richten unseren Schlag gegen die Kapitalisten...
Aus ihnen bauten sie ihre Gedanken, es war ihr Weltbild.
Wie der hospitalisierte, an Katatonie leidende Irre im Gitterbett.
Außerdem konnten sie noch morden und dem Führer Gedichte schreiben.
All das verbrannte man im Feuer.
Um Wärme zu geben.
Und glückseelige, friedliche Stille nach dem haufenweise verglimmenden Schrecken...

XVI.

Sezession, du schöne...
Ausmarsch.
Einmarsch.
In die verborgensten Räume der Seele. Wie eine majestätische, unerreichbare, kokette, andauernd kichernde Dame, wie eine nicht zu erobernde Frauenschönheit sitzt die *Einsamkeit*.
Sezessionsgeklingel.
Verstreute Dirnen schmücken das Gestern und Morgen, den hastigen, kurzhosigen Augenblick.
Nichts nehmen sie ernst, nur sich selbst, und vielleicht dieses mystische, dichte Leben, dieses rote, brokatseidene, nach Weihrauch und Myrrhe duftende Wunder. Kindlich ist das Leben, naiv, dem grimmigen Tod einen Blumenkranz an den Hals hängendes Glück. Und auch Liebe,
Wein sowie pures orientalisches Geheimnis.
"Verlorener Zauber des heiligen Orients ist unsere schmähliche Gegenwart..."
Im Morgengrauen kaufen die aus Cafés taumelnden Poeten auch verdorbenen Weibern rote Rosen. Dann zaubern sie mit Gedanken herum in den Tiefen ihrer Mietzimmer, in einsamer, verschlossener, wunderbarer Sprache. Wenn sie dann der versoffene Schlaf überfällt, blitzt in riesigen Metzgerhänden das Fleischerbeil, zwischen frischem, totem Fleisch zuckt Vergänglichkeit...
Das Museum der Angewandten Künste an der Ecke der Üllöistraße und des Ringes besaß eine schöne, sezessionistische Kuppel.
Helden fielen hier in wildester Schlacht, ganze Kerle,
die sezessionistischen Jungs von Pest...

ETTER
THÖKÖLY

XVII.

Hoffnung lockt im dumpfen, düsteren Herbst das blasse Sonnenlicht hervor.
Doch wer weiß, vielleicht tut es die Hoffnungslosigkeit.
Und zu einem bestimmten Augenblick ist es egal, welche der beiden...
Denn das müde Sonnenlicht blickt dann nur herab, und vor lautem Staunen wachsen ihm Glotzaugen...
Schau mal! Leute gehen spazieren, als wäre Feiertag, vielleicht im schönsten Kleid.
Eine alte Frau dort, mein Gott, erinnert sich an alte Frühlingstage, obwohl ihr Sohn, vielleicht auch der Enkelsohn auf den Tod wartet – aber jetzt, für einen letzten Augenblick band sich auch der Tod gekonnt die schönste Krawatte, mit keck aufgesetztem Hut steckte er sich eine Nelke ins Knopfloch und zog los ins Sonnenlicht. Setzte sich ins Café, und tat so, als gäbe es Kaffee.
Auf den aus Schilf geflochtenen, edlen Zeitungsständern träumte er sich das frische Morgenblatt, blätterte darin, forschte mit verstohlenen Blicken nach den feinen, von ewiger und unbesiegbarer Heiterkeit umgebenen Knöchelchen der Frauen.
Dann spazierte der elegante Herr Tod eine Weile...
Hob dem zerstörten Budapest den Hut, sank ein wenig in Gedanken, rauchte auf dem Korso noch eine Zigarre aus Königintabak – und ging los, um sich in die Ungarn einzuhängen. Und er entschloss sich auch, deren Stirn zu küssen, die er nicht mitnimmt, die er hier lässt, um der Welt zu zeigen, was hier zu Lande geschehen ist, mit ihnen, mit uns...

KALAPOK
Virágért

XVIII.

In Ungarn herrscht Krieg.
Der ehmalige Parteisekretär aus der Ukraine, Vollstrecker absichtlich durchgeführten millionenfachen Hungermordes, dieser kleine glatzköpfige Schurke lässt unsere Hand nicht los.
In Ungarn herrscht Krieg.
Hauptsächlich Kinder kämpfen gegen das entsetzlichste Reich des Erdballs. Kinder, denen Schulgeschichten noch nicht fremd sind, Geschichten über Tataren, Türken, Habsburger – über viele, um Freiheit geführte Kämpfe, auch über wehmütige, hartnäckige ungarische Helden.
Panzer rollen dröhnend.
Sie kommen im Nebel des Morgengrauens, im Stahlbauch hocken gesichtslose Unseelige, zu unserer Knechtung hergetriebene, im Willen gebrochene Muschiks, denen Freiheit nie gegönnt war, nicht einmal die "hinterm Rücken des Wächters".
Sie kommen, die Soldaten der mörderischen Idee.
Ungarische Kinder verbringen Nächte in Kellern. In ihren kleinen Händen statt Holzschwertchen richtige Waffen haltend waren sie allesamt dazu berufen, offizielle Freiheitskämpfer zu sein.
Noch nie lasen sie vielleicht das Märchen vom Stubenprinz – trotzdem werfen sie ihr kleines, noch unangefangenes Leben mit einer schaurigen Selbstverständlichkeit vor Panzerketten, der größte Dienst verlangt nach ihrem Geist...
In Ungarn herrscht Krieg.
Nackte Ruinen, sich auf den Bauch wendende Pflastersteine, nach verbranntem Menschenfleisch stinkende Panzertrümmer brüllen die größte Totenstille:
wieder die Ungarn... wie so oft...
Und die Welt, oh die Welt schaut uns flüchtig an.
Sie fühlt Mitleid.
Sie mag es, Mitleid zu fühlen, wenn Ungarn sterben.
Beten tut sie um uns. Und damit ist auch alles getan.
Noch einige vor der UNO hart vorgetragene Erklärungen, das war's dann auch.
Leben, Zukunft, Schicksal, Weihnachten, Freude oder Lächeln der in Kellern Unterschlupf suchenden ungarischen Kindern, ihre erste Liebe, all das Staunen über die Wunder des Lebens, auch ihre Tränen haben Platz auf der Verlustliste.
Im Osten nichts Neues.
Die Ungarn haben es abermals probiert.
Doch es gibt nunmal weltpolitische Zusammenhänge.
Wir schicken euch paketweise Hershey-Schokolade. Den Chruschtschov werden wir schon irgendwie lieb gewinnen.
Was wollen eigentlich die Ungarn? Zum Teufel... Sollten wir vielleicht deshalb Gewissensbisse haben?
Und dort sind auch noch die Tschechen und Polen... alle kommen früher, als es die Lage erlaubt...
In Ungarn herrscht Krieg.
Pst! Pst ihr dort in Ungarn! Nur nicht zu laut! Geduld...
Eure Zeit wird schon kommen... Und wenn ihr euch dann benehmt, bekommt ihr einen Platz zwischen uns... Nur seid, um Gottes Willen nicht so rebellisch!...

070

SÖRT!

SÖR

XIX.

...Wie gesagt, Panzer rollen aus dem Nebel hervor.
Blitzschnell begreift man: nichts hält ewig.
Diejenigen, die mit Panzern kommen, verschwinden irgendwann einmal. Das Gedröhne nämlich brennt sich in die Seelen der Unterworfenen ein. Das schönste, erhaltenswerteste Gefühl wird der unzähmbare, sich von Vätern auf Söhne vererbende Hass.
Dachtet ihr, durch Panzer die Selbstachtung eines Volkes zermalmen zu können?
Dachet ihr wohl, dass alle hier eure Arschlecker, feigen Meuchelmörder, oder Peter Mansfelds Henker sind?
Oder dass Stasileute mit diesem Land etwas gemeinsam haben?
Dachtet ihr, dass die Pester Jungs, die Blutopferer, dass Peter Mansfeld, Jan Palach, Pater Popielusko jemals in Vergessenheit geraten werden?
Glaubtet ihr wirklich, die Vergangenheit löschen zu können? Endgültig?
Seit einhundertundeinundfünfzig Jahren stoßen wir nicht mit Bier an, weil dreizehn unserer Generäle in Arad unterm Galgen standen.
Nichts wisst ihr, Schurken.
Und glaubt nur nicht, eure Straflosigkeit ist unsere Schwäche. Wir waren nur großmütig. Missverstehen sollt ihr uns auf keinen Fall: seid still... ihr seid vor dem Richterstuhl der Geschichte angeklagt... er kann jederzeit zusammentreten...
Noch leben Menschen, die sich an's Dröhnen der aus dem Nebel des im Morgengrauen hervorscheinenden Panzers erinnern. Und in ihren Söhnen und Enkeln dröhnt es weiter.
Vom großartigen, schrecklichen Baltikum bis zum ungarisch-österreichischen Grenzübergang Hegyeshalom erinnern sich die Erniedrigten und in Trauer Gestoßenen.
Die zuerst Europa entrissenen, später verstoßenen Esten, Letten, Litauer, die wehmütigen, den Absinth gut kennenden Polen, die bohemen Tschechen, Lieder liebende Slowaken, verträumte, in tiefes Elend gestoßene Rumänen, dem Balkan und der byzantinischen Seele hinzugeworfene Kroaten und Slowenen, die Rache süchtigen, wilden Serben, in ihrer Seele gebrochenen Deutschen und wir, bitterlich schöne, zum Tode immer bereite Ungarn – *wir alle erinnern uns.*
Nimmt euch also in Acht...

SZABADSÁG

XX.

Führt man sich die Freiheit vor Augen, ist es immer eine bildschöne Frau.
Malt man sie, so gelangt sie mit unbedecktem, schwellendem Busen auf die Höhen der Barrikaden.
Dabei ist die Freiheit ein kratzbürstiger, mürrischer alter Rappelkopf, der bösartig nicht mal zu Weihnachten Kerzen anzündet...
Ungenügsam ist er obendrein.
Alles will er haben: Körper, Willen, Seele. Aufgeputztes Schundzeug verkaufend steht er auf der Straße, hat er etwas Besseres, gibt er's teuer.
Und saufen tut er.
Wenn Wein seinen Verstand raubt, verzerrt sich sein Gesicht, von Sinnen schreit er, als quäle ihn Angst.
Und wenn seine schöne Schwester die Ordnung nicht auf ihn aufpasst, schläft er auf Straßen, versaut sich, und junge Burschen legen sich ihm zur Seite und auch diejenigen, deren Seele nie erwachsen wurde.
Und feige ist die Freiheit.
Sie verkriecht sich sofort in Kellern, wenn aus weiten, furchterregenden Heiden die Wilden hereilen, um sie sich zu holen. Mit geballten Fäusten schlägt, zerrt sie die krustige, dreckige Wand. Nichts nimmt sie zu sich, ihr Gesicht wird mager, blass, die Augen wirken leer – von oben fällt der Putz herab.
Draußen wird geschossen. Und wieder wird aus Pferdekadavern und Waffen gängige Ware.
Ja, aus Waffen...
Denn die sich im Keller verkriechende Freiheit schickt immer ihr Volk in den Krieg, bevor sie verendet, und das Volk zieht los, um den undankbaren Rappelkopf zu retten...
Taube Stille kommt dann plötzlich.
Niemand weiß, wo der Alte ist. Manchmal jahrzehntelang.
Verkriechen tut er sich.
Denn er ist unzerstörbar, der Alte.
Uns alle wird er überleben...

ABAD NÉP

XXI.

"Kein Menschenmeer, nur Seelen, freies Volk vollbringen Wunderdinge"
Nun, deshalb...
Vielleicht sagte ich es schon, Heimat ist kein Ort, wo man sich den Magen vollschlagen kann. Wo Geschäfte florieren, Arbeit spottbillig ist.
Kein Ort, wo man kaufen, verkaufen kann. Wo es Nachts immer gute Bars, billige Huren gibt.
Die Heimat stellt hin und wieder Fragen.
Manchmal schaut sie in deine Augen.
Sie fragt dich, ob du sie willst, gut auf sie zu sprechen bist.
Die Heimat ist ein Nichts.
Ein Stück Boden von irgendwelcher Größe.
Doch sie ist voll von Erinnerungen, Traditionen. Von Geschichten, Vorbildern und Helden.
Und zu gewissen Zeiten wird aus dem Menschenmeer ein Volk, irgendwie eine Nation.
Aus ihnen dort, den Erniedrigten und Bespuckten unter der Aufschrift "Szabad Nép"* wurde damals wieder ein Volk.
Helden sind sie allesamt.
Die hier Bleibenden, Fortziehenden, Kämpfenden und Zitternden, allesamt sind sie Helden, außer denjenigen, die gegen sie nach Waffen griffen, fremde Waffen ins Land riefen.
Kein Handel.
Keine Erklärung.
Keine Entlastung.
Weder der Welt, noch dir, Herrgott.
"Segne die Ungarn..."
Endlich, irgendwie...

*Szabad Nép war eine Tageszeitung,
der Titel lautet im Deutschen "Freies Volk"

65. Budapest, 9. Bezirk, Üllőistraße 33-37.
Museum für Angewandte Künste

67. Budapest, 7. Bezirk, Thökölystraße 27.

68-69. Budapest, 7. Bezirk, Erzsébet Ring 9-11.
Café New York

72. Budapest, 7. Bezirk, Erzsébet Ring 23-25.

73. Budapest, 7. Bezirk, Múzeum Ring 11-15.

75. Budapest, 8. Bezirk, József Ring 45.
- Krúdy Gyula Straße 22.

76-77. Budapest, 8. Bezirk, Rákóczistraße 59.
- József Ring 2-6.

78. Budapest, 6. Bezirk, Teréz Ring 52-56.

79. Budapest, Pester Brückenkopf der Petőfi Brücke

81. Budapest, 7. Bezirk, Rákóczistraße 90-92.
Das ehemalige Gebäude des Szabadság Hotels
(heute Grand Hotel Hungária)

83. Budapest, 8. Bezirk, József Ring 5.
Zentrale der Zeitung Szabad Nép

Institut fürs XX. Jahrhundert
Határőr u. 35.
Budapest, 1122
Ungarn
Tel. / fax: (00361) 212-8050
Internet: www.xxszazadintezet.hu

Bildbearbeitung: rePROCOLOR Stúdió
Druck: Pauker Nyomdaipari Kft.
Direktion: Gábor Vértes

ISBN 963-9302-28-7

BUDAPEST
BELSŐ TERÜLETE

BUDAPEST, 1956

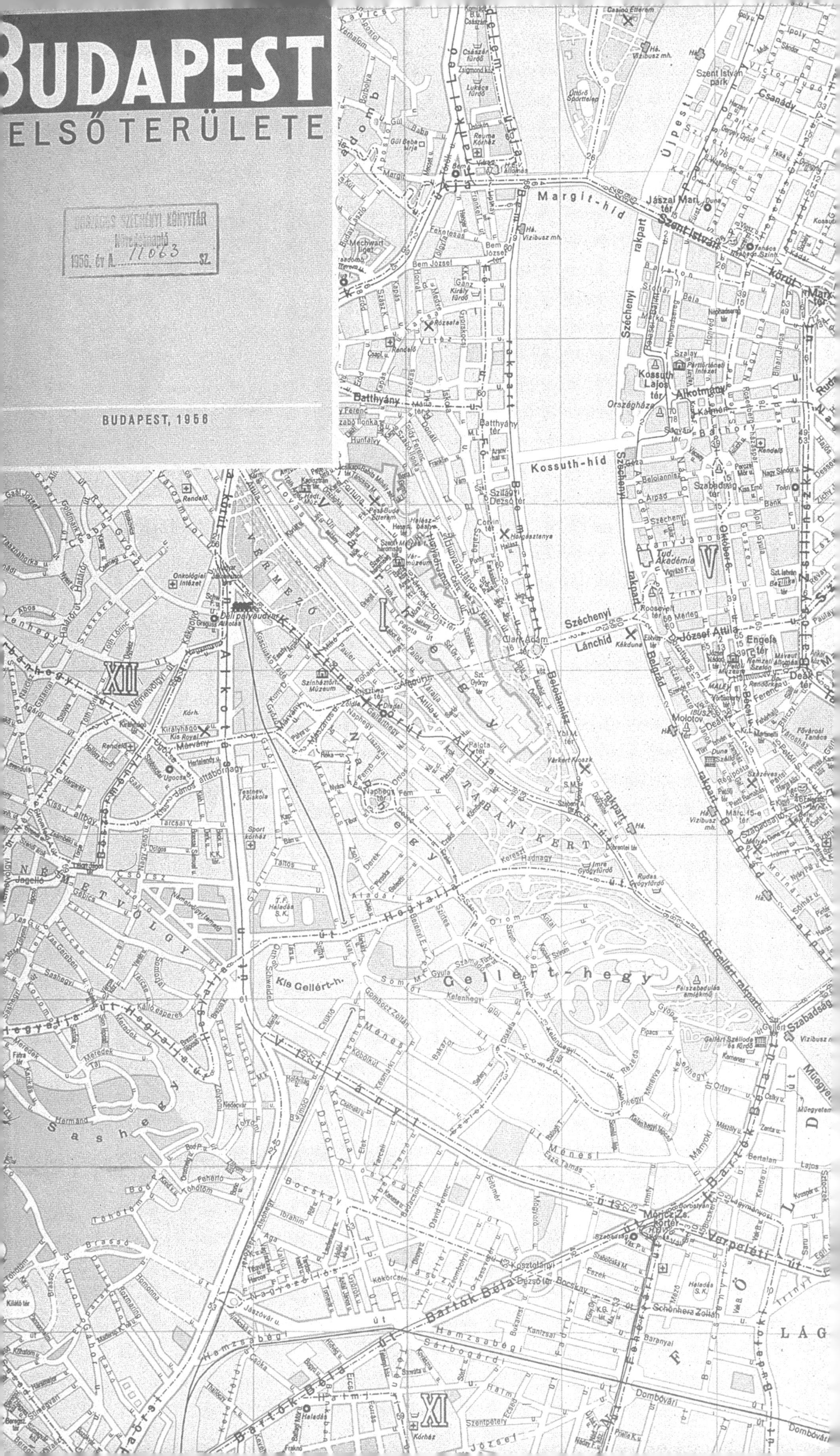